BUSINESS

VALUE STREAM MAPPING

Méthode de cartographie des chaînes de valeur

Par Johann Dumser

50MINUTES.fr

BUSINESS

VALUE STREAM MAPPING

Méthode de cartographie des chaînes de valeur

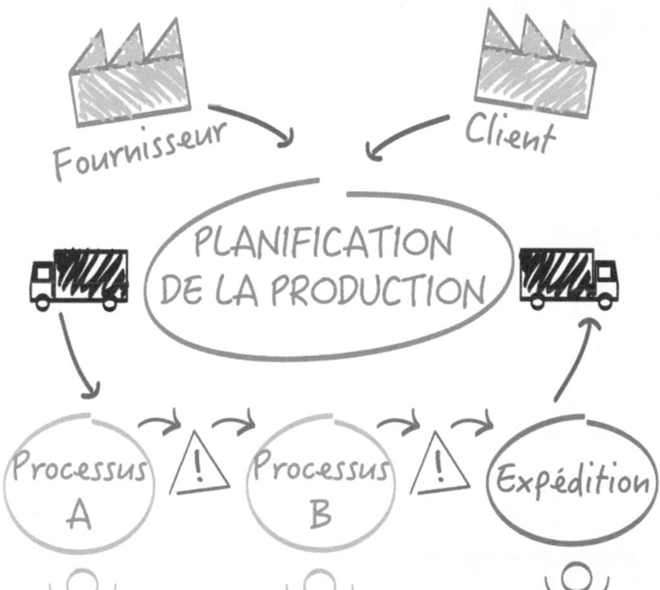

Johann Dumser

50MINUTES.fr

LE VALUE STREAM MAPPING

- **Dénominations ?** Value Stream Mapping, VSM, cartographie des processus, cartographie de la « chaîne de valeur ».
- **Usage(s) ?** Ce flux couché sur papier, qui comprend tous les processus en action – production et management inclus –, invite l'utilisateur à prendre du recul par rapport au workflow actuel et à le réorganiser pour gagner en efficacité : analyse d'amélioration de processus, ingénierie des processus, amélioration continue.
- **Efficacité ?** Dans les secteurs de l'industrie et des services ou en consultance, cet outil très complet de cartographie permet de visualiser et de comprendre les différentes actions entreprises (par une société ou un particulier) entre le moment où le consommateur émet une requête et celui où il réceptionne le produit ou le service répondant à sa demande initiale.

- **Mots-clés ?**
  - Amélioration continue : rendre la performance d'une entreprise meilleure via l'intégration régulière de petites améliorations.
  - Cartographie : représentation du fonctionnement d'un organisme sous forme de carte. Elle permet de visualiser les processus et leurs interactions.
  - Chaîne de production de valeur : suite chronologique des étapes de la production d'un produit ou d'un service.
  - Kaizen : approche de la gestion de la qualité par une amélioration continue.
  - *Lead time* : délais de production ou d'exécution.
  - *Lean management* : le terme anglais *lean* signifiant « maigre », « sans gras » ou encore « dégraissé », ce type de gestion mobilise tous les collaborateurs en vue d'éliminer les gaspillages, sources d'inefficacité et de réduction de la performance de l'entreprise. Dans le même ordre d'idées, le *Lean Manufacturing* peut être traduit par « production allégée », dénuée d'étapes inutiles.
  - *Lean thinking* : méthodologie d'entreprise visant à fournir une nouvelle façon de

penser. Ce type de management pousse les personnes qui en font usage à analyser comment organiser les activités humaines pour augmenter les profits et valoriser les individus via une approche d'élimination du gaspillage.

- Stratégies *pull* et *push* : il s'agit soit de proposer le produit au client (*push*), soit de donner ce que le client demande (*pull*).

Que ce soit en période de crise ou de croissance, il est toujours primordial pour une entreprise de se faire une idée précise des flux de produits ainsi que de leurs canaux de communication associés. Cette réflexion doit se porter sur l'ensemble du processus de fabrication de chaque produit afin qu'il soit le plus efficient possible au niveau de son fonctionnement.

Puisque les sociétés – start-up, PME ou grande entreprise – cherchent à créer le maximum de valeur, l'approche du *Lean*, méthode d'élimination systématique du gaspillage dans les processus manufacturés, est appréciée du plus grand nombre.

Interrogeons-nous chacun à notre échelle sur l'entreprise dans laquelle nous évoluons ainsi que sur la façon dont on y opère les différentes actions. S'il est important, voire vital, de pouvoir se remettre en question de façon systématique et régulière, rendons-nous compte que ce n'est souvent pas ce que nous ignorons qui pose le plus de problèmes, mais bien ce que nous tenons à tort pour vrai.

Suivant cette logique, certaines cellules – les *Project Offices* – ont d'ailleurs notamment été mises en place dans les grands groupes internationaux : elles ont pour mission d'harmoniser le langage utilisé dans les différents départements et de coordonner les projets pour favoriser l'amélioration continue. De ces synergies concertées et constructives émerge une méthodologie unique : chaque employé du groupe est dès lors invité à adopter un langage clair et commun dans les différentes initiatives lancées visant une amélioration significative de la valeur pour le client final.

Pour rester compétitive – c'est-à-dire obtenir une meilleure qualité, un coût de production moindre ou un cycle de production plus rapide –, une organisation choisira parmi les nombreuses techniques mises à sa disposition. Le VSM, ou la « cartographie de la chaîne de valeur », en fait partie et est situé en haut de la pile des outils les plus performants du *Lean*, car il soulève consciemment les zones d'améliorations ou d'opportunités à l'aide d'un simple dessin.

DÉFINITION DU VSM

Le Value Stream Mapping consiste à représenter graphiquement les opérations, les flux d'information et les processus des données en jeu.

Complémentarité des flux de matière et d'information

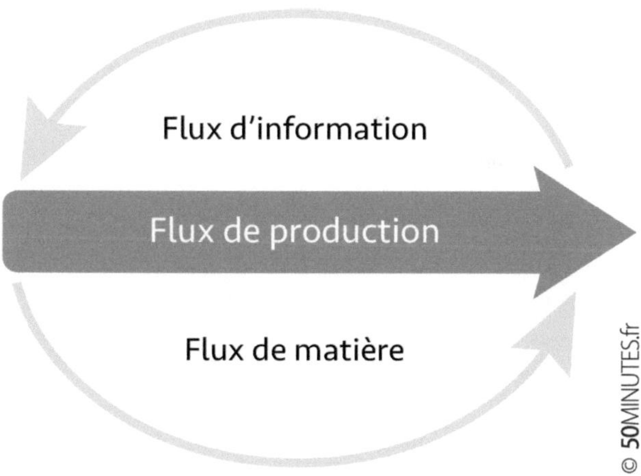

Il fournit une vision réaliste des opérations sur le terrain et non pas comme le prévoient les procédures. L'utilisation d'un VSM se fait toujours dans le cadre d'une analyse des processus d'une entreprise. Cette dernière peut être souhaitée par la direction, par un responsable opérationnel ou un responsable qualité pour gagner en efficacité, ou être proposée par des prestataires (consultant en amélioration) pour révéler des champs d'opportunités méconnus à ce jour.

Dans le meilleur des mondes, il faudrait que pour toute modification du processus il y ait un contrôle imposé, voire une révision si nécessaire, afin de vérifier la pertinence d'un changement dans le *workflow*.

Le gaspillage selon Taiichi Ohno

Considéré comme le père fondateur du Système de Production Toyota, Taiichi Ohno (ingénieur et businessman japonais, 1912-1990) identifie sept sources de gaspillage (*muda* en japonais) dans son ouvrage *Toyota Production System: Beyond Large-Scale Production* (p. 19-20) :

- **la surproduction (*overproduction*),** qui correspond à une production réalisée plus tôt, plus rapidement ou en plus grande quantité que ne le demande le client ;
- **le stock (*inventory*),** qui comprend les dépôts de matières premières, d'en-cours ou de produits finis ;
- **l'attente (*waiting*),** qui désigne le temps d'attente des personnes ou des pièces au cours d'un cycle de production ;
- **les déplacements (*movement*),** qui sont les mouvements inutiles de personnes ou de matières au sein d'un processus de fabrication (déplacements des opérateurs) ;
- **les transports (*transportation*),** qui sont les transports inutiles de personnes ou de matières entre les processus de fabrication (déplacement des objets) ;
- **les rebuts ou rejets (*defective products*),** qui comprennent les pièces défectueuses, les défauts, les répétitions ou corrections du procédé ;
- **le surtraitement (*extra processing*),** qui est le traitement au-delà du niveau requis par le client ;

- **le potentiel humain (*non utilized talent*),** qui correspond aux compétences non ou mal utilisées, à cause essentiellement d'un manque de formation et de flexibilité du personnel.

THÉORIE – VSM, OUTIL ROI DU *LEAN*

LE VSM ET LA CRÉATION DE VALEUR

Pour découvrir le concept du modèle VSM, détaillons dans un premier temps ses trois composantes : la valeur (*value*), le processus (*stream*) et la cartographie (*mapping*).

Valeur (*value*)

Introduite en 1985 par Michael Porter (professeur de stratégie d'entreprise américain, né en 1947), la chaîne de valeur cherche à produire un avantage concurrentiel pour cette dernière. Elle se base sur l'analyse des processus internes et des procédés d'une entreprise. Ainsi, toute action dans la chaîne doit mener à une création de valeur perçue (satisfaction) pour le client final, ce qui se traduit par une hausse du chiffre d'affaires pour la société. Si le terme « valeur » renvoie à une estimation de ce que sont prêts à débourser les clients pour obtenir un produit ou bénéficier d'un service, les actions représentées dans le VSM peuvent être dites « à valeur ajoutée » ou « à non-valeur ajoutée ».

- **La valeur ajoutée** correspond à toute activité qui augmente la valeur (marchande ou fonctionnelle) du produit aux yeux du client, c'est-à-dire les activités pour lesquelles le client est prêt à payer.
- **La non-valeur ajoutée** représente les activités qui n'apportent aucune valeur au produit, soit des sources de gaspillage. Même si tous les managers aspirent à s'en débarrasser, certaines ne peuvent pas être évitées (sauf investissements importants).

L'objectif du VSM est de détecter les problèmes qui font que le temps consacré à la création de valeur ajoutée est très faible par rapport à l'ensemble des heures prévues pour réaliser un travail (*Lead Time* ou temps d'exécution). Il est nécessaire de définir quelles sont les améliorations à apporter sur l'ensemble du processus pour en augmenter la proportion de création de valeur.

Mode d'action de différentes méthodes d'amélioration

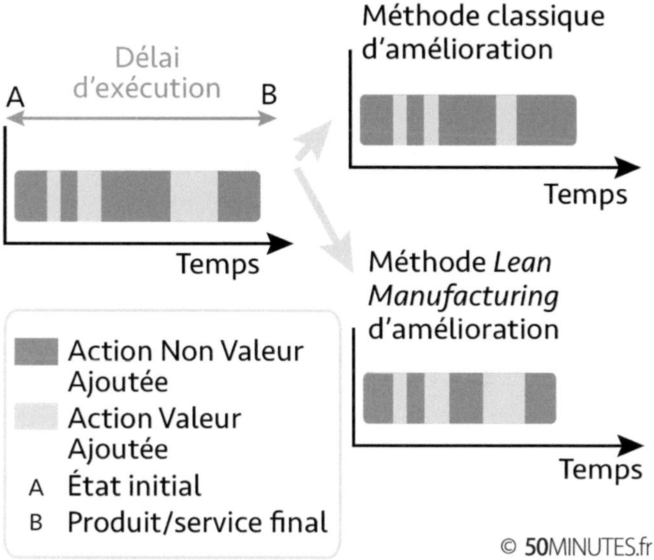

Processus (*stream*)

Le VSM rend compte de toutes les actions de la chaîne d'élaboration d'un produit ou d'un service, le faisant passer de l'état initial (A) à la proposition de valeur (B). Il se compose d'enchaînements de processus disposés en fonction d'une ligne du temps correspondant au *Lead Time*, soit le délai d'exécution (A-B).

Il existe trois catégories de processus qui peuvent être revus par un VSM :

- **les processus pilotes** (management, stratégie, qualité, environnement, sécurité, finance, etc.) ;
- **les processus opérationnels** (fabrication, conception, développement, expédition, etc.) ;
- **les processus support** (achats, ressources humaines, etc.).

Cartographie (*mapping*)

La cartographie est un moyen simple et clair de visualiser le fonctionnement d'une entreprise (dans la fabrication d'un produit ou l'élaboration d'un service). Cet outil s'attache à travailler sur un ensemble et non uniquement sur une partie isolée. Dès lors, l'analyse se porte non pas au niveau d'une machine à l'intérieur d'une ligne de production, mais bien à celui du processus de l'ensemble de celle-ci.

Toute cartographie doit toujours être codifiée, via l'utilisation de pictogrammes, et exécutée dans le respect des standards pour pouvoir être comprise par les différents groupes. Elle s'organise en fonction de trois grands types d'actions :

- le flux d'information ;
- le flux de matière ;
- les données chiffrées.

Zones de cartographie d'un VSM

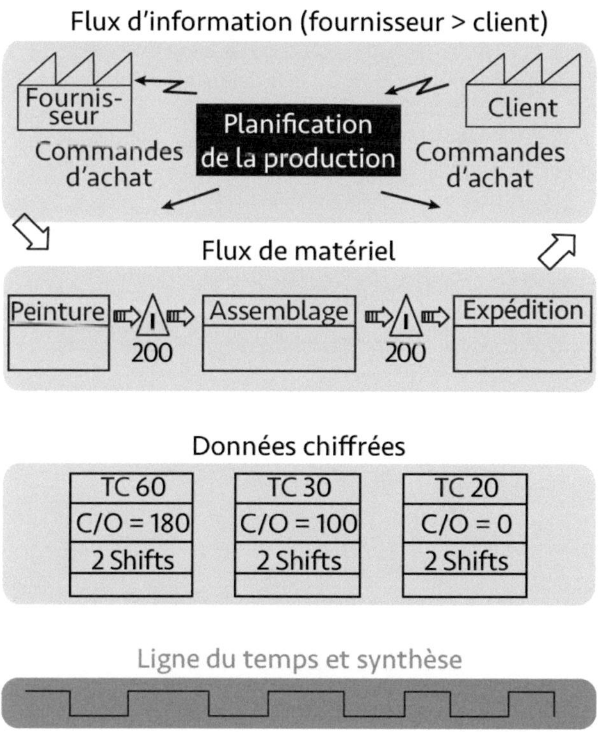

Par où commencer ?

La méthode implique les étapes suivantes :

- suivre le parcours de fabrication d'un produit en commençant par le client (un besoin) et en descendant jusqu'au fournisseur ;
- représenter graphiquement chaque action le long du flux de matière et d'information ;
- s'interroger sur les points-clés et dresser la future chaîne de valeur.

Chaîne de création de valeur d'un produit

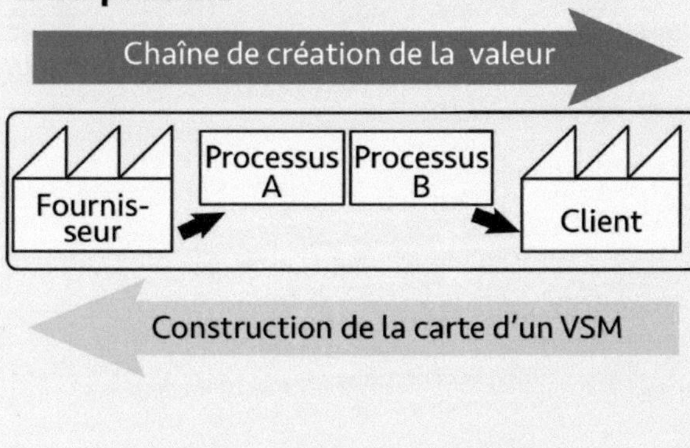

VSM ET SES PICTOGRAMMES

Symboles du Processus		
Picto-gramme	**Nom**	**Description**
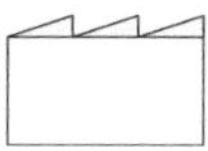	Client/ Fournisseur	Source externe correspondant à un fournisseur (placé en haut à gauche) ou à un client (placé en haut à droite)
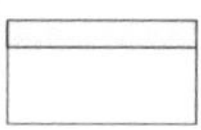	Processus	Processus avec un opérateur (actuellement en place) pouvant apporter de la valeur au produit (le nom du processus est habituellement placé dans la barre du haut ; la fonction est quant à elle décrite au centre)
	Données	Espace de données chiffrées placé sous d'autres pictogrammes et contenant des informations nécessaires à l'analyse du système (*Processing time, Lead time, Change Over Time,* etc.).

Symboles d'information		
Pictogramme	**Nom**	**Description**
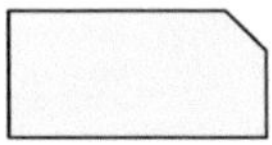	Production Kanban	Déclenchement d'une production d'un nombre donné de pièce
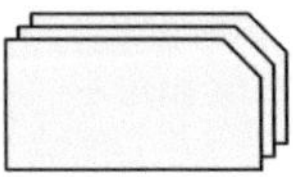	*Batch* Kanban	*Batch* (lot)
	Base de données	Base de données
	Information	Champs texte incluant des informations complémentaires

Symboles de matériel		
Picto-gramme	**Nom**	**Description**
	*Pull* physique	Enlèvement physique de matériel d'un supermarché
	Livraison par camion	Livraison utilisant les services de transport externes d'un fournisseur (ajout possible d'une information - dans un cadre d'information - sur la fréquence de livraison sous l'icône)
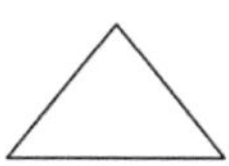	Inventaire	Stock de matières premières ou de produits finis (ajout possible d'une information sur la période de temps sous l'icône)

Symboles de matériel		
Picto-gramme	**Nom**	**Description**
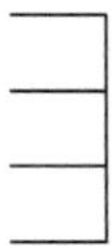	Super-marché	Stock de supermarché qui contient des inventaires disponibles pour le flux aval (le client peut l'utiliser quand nécessaire) ; le processus suivant exécute un *pull* (flux tiré) sur cet inventaire
	Flèche *Push*	Flèche *push* (flux poussé) d'information ou de matériel d'un processus à un autre ; un processus produit un bien indépendamment des besoins en aval
	Flèche *Pull*	Flèche *pull* qui indique un enlèvement *pull* (diminution de stock qui n'a pas d'impact sur les opérations en amont) sur les processus précédents

Symboles de matériel		
Picto-gramme	**Nom**	**Description**
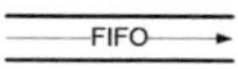	Ligne FIFO	Principe du *first in, first out* (premier rentré, premier sorti)
	Opérateur	Opérateur qui, associé à un processus, indique la réalisation de tout ou d'une partie des actions du processus
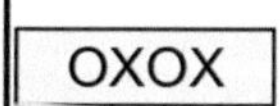	Lissage de la charge	Moyen utilisé pour intercepter des lots de cartes Kanban et lisser leur volume sur une période de temps donnée
	Téléphone	Information collectée par téléphone

Symboles de matériel		
Picto-gramme	**Nom**	**Description**
	Éclatement Kaizen	Besoin d'amélioration à un point spécifique du processus qui est critique pour atteindre la cartographie de l'état futur
	Information manuelle	Flux d'information manuelle
	Information électronique	Flux d'information électronique (Internet, Intranet, échange des données informatiques (EDI), etc.)
	Stock de sécurité	Stock réservé en cas de circonstances particulières
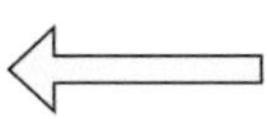	Flèche de transport ou de mouvement de marchandise	Flux de produit d'un fournisseur vers un processus ou d'un processus vers le client

Symboles de matériel		
Picto-gramme	**Nom**	**Description**
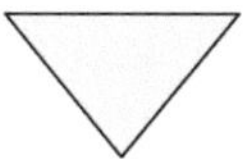	Signal Kanban	Alerte indiquant que le niveau d'un inventaire de supermarché entre deux processus descend à un seuil de déclenchement ou en dessous d'un certain minimum préalablement établi
	Segment de temps	Temps de valeur ajoutée (*processing times*) et de non-valeur ajoutée (*wait times*)
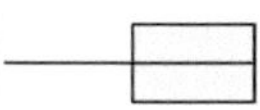	Durée totale	Fin du délai d'exécution et résumé de l'ensemble des temps de valeur ajoutée et de non-valeur ajoutée
	Horloge	Retard ou contrainte de temps
	Rework	Itérations ou besoin de rework

VSM ET SES AVANTAGES

L'utilisation d'un VSM présente plusieurs avantages, car l'outil :

- offre une vue globale simple et transversale sur l'ensemble du processus concerné ;
- intègre toutes les informations nécessaires pour comprendre visuellement les deux catégories de flux (matière et information) ;
- repère les manifestations de gaspillage, ainsi que les causes ;
- harmonise le langage de discussion autour des processus à l'aide de pictogrammes et de règles standardisés, ce qui facilite le travail des équipes (constat, identification des zones d'amélioration, argumentation de leurs idées, etc.).

Plus largement, le Value Stream Mapping favorise la mise en évidence de la création de valeur et la résolution de problèmes. Il installe un dialogue efficient, homogène et transversal entre les différents départements d'une entreprise et encourage le développement d'une culture de la perfection.

MISE EN PRATIQUE

BEST PRACTICES – ÉTAPES

Le VSM s'inscrit dans une approche DMAIC (*Define, Measure, Analyze, Improve, Control*), car la création d'une carte n'est pas une fin en soi : ce n'est que la première étape d'une étude d'amélioration classique d'une chaîne de valeur.

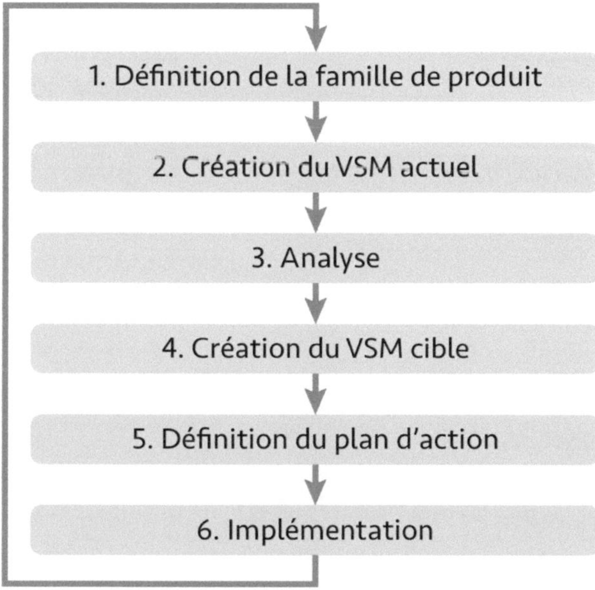

Étape 1 : définition de la famille de produits

Avant de se lancer dans la réalisation à proprement parler d'un VSM, il faut choisir une famille de produits à analyser. Puisque de ce choix dépendent les chances de succès de votre démarche, il est recommandé d'y accorder une grande attention.

Pour arrêter un axe de travail, il vous faudra vous rendre compte des éventuels problèmes actuels et de leurs impacts : utilisez par exemple le diagramme de Pareto (graphique représentant l'importance de différentes causes d'un phénomène ; le but ici est de délimiter une zone de travail pour mener un VSM) ou interrogez les dirigeants des différents départements (par exemple, le responsable de production ou le directeur). Les principales questions à vous poser sont :

- Quel chiffre d'affaires représente cette famille de produits ?
- Quelles sont les pertes engendrées par ces produits ?
- Quelles sont les chances de succès d'une

démarche VSM ? (Ne pas choisir un axe trop difficile ni trop simple ; ne vous attaquez pas à l'analyse de toute la production de votre usine, ou au contraire uniquement à celle d'un département trop simple)

- Quelle est la stratégie de production ?

Remarque

Ne vous étonnez pas si l'on vous demande d'étudier le processus d'une famille de produits générant un faible chiffre d'affaires. Ce choix peut en effet s'avérer judicieux si c'est elle qui est à l'origine de fortes pertes.

Étape 2 : création du VSM actuel

Pour construire une nouvelle version améliorée de la carte représentant la chaîne de valeur d'une famille de produits, il faut avant tout se faire une idée précise de la situation actuelle et la cartographier. Comment fonctionne-t-on actuellement ? Qui fait quoi ? Combien de temps cela prend-il ? Comment communique-t-on d'un service à un autre ? Quelles sont les responsabilités et spécificités de chaque poste intervenant dans la chaîne ? Etc. Les différentes phases de l'élaboration de la carte sont reprises en détail ci-dessous. Il est question ici de faire un état des lieux des flux de matière et d'information, de s'efforcer à comprendre le fonctionnement actuel de l'atelier ou du département, de calculer le *Lead Time* et de déterminer les gaspillages et leurs causes.

- **Phase zéro du dessin – La préparation**
  - Commencez par observer les activités de l'usine ou du service.
  - Collectez des informations précises et à jour de la part de la personne qui souhaite disposer de ce VSM. Si besoin, procédez à des mesures sur le terrain à l'aide d'un chronomètre en parcourant le circuit des matières premières et de l'information.
  - Entamez votre itinéraire par le client en remontant le processus de fabrication. Listez les processus les plus fortement liés au consommateur final afin de dégager ce qui lui est absolument utile.
  - Faites un croquis à la main sur une feuille unique (A3 ou A4).

- **Première phase du dessin – Le client**
  - Placez la mention « Client » en haut à droite.
- **Deuxième phase du dessin – Les processus de fabrication**
  - Utilisez le pictogramme « Processus » (la matière subissant des opérations), et :
    - regroupez les postes de travail appartenant à un seul processus dans la même icône ;
    - mentionnez les informations importantes du processus dans la case du bas (par exemple, le temps de cycle (TC), le temps de valeur ajoutée (TVA), le délai d'exécution (DE), le temps de changement de fabrication (TCF), le nombre de chaque pièce chaque heure (CPC), le temps de travail disponible (TTD), etc.).
  - Utilisez le pictogramme « Stock ».
- **Troisième phase du dessin – Le fournisseur**
  - Placez la mention « Fournisseur » en haut à gauche.
  - Indiquez la fréquence et le mode de livraison (en information à côté du fournisseur) :
    - une flèche large indique une livraison primaire entre deux usines ;

    * un camion (bateau, avion, etc.) indique le mode de livraison utilisé.
- **Quatrième phase du dessin – Les informations**
  - Esquissez une ligne droite, s'il s'agit d'un flux d'information physique (par exemple, du courrier), ou un éclair s'il est électronique.
  - Indiquez la fréquence (d'envoi ou de transmission) dans un encadré à côté.
  - Spécifiez leur mode (Internet, papier, etc.) :
    * le mode poussé, qui se base sur la prévision des besoins du processus aval (*push*), fait souvent apparaître des stocks intermédiaires entre les processus ;
    * le mode tiré, qui traduit une demande de production du processus aval au processus amont (*pull*), réduit la quantité d'en cours.
- **Cinquième phase du dessin – La ligne de temps**
  - Dessinez la ligne sous les cases de processus de fabrication et des pictogrammes de stocks pour calculer le délai de production, c'est-à-dire l'addition des délais d'exécution (correspondant au temps de traitement) et des temps de stockages.

- **Sixième phase du dessin – La cartographie de la chaîne de valeur terminée**
  - Une fois la carte de l'état actuel terminée, commencez à analyser et à observer les zones de gaspillage en plus de définir les améliorations possibles pour construire le VSM de l'état futur souhaité.

Étape 3 : analyse

Une fois cette étape réalisée, il conviendra ensuite d'analyser et d'observer en détail les flux de matière et les flux d'information pour se rendre compte de ce qui s'opère de façon efficiente, et de ce qui, par contre, fonctionne moins bien. Particulièrement cruciale, cette étape met en lumière les gaspillages et les opportunités d'amélioration. Veillez dès lors à impliquer les bonnes personnes : que ce soient les responsables des services, les intervenants du processus ou les chefs de projet qui assureront la transition, il faut de toute façon qu'elles se montrent ouvertes à l'amélioration et au changement.

Cet exercice doit être bien préparé et présenté pour ne pas risquer de brusquer les personnes dont la réalisation du processus reflète en partie leur manière de fonctionner. Il s'agit ici de leur montrer qu'il est possible d'améliorer la rentabilité de leur travail et de créer davantage de valeur pour leur client qu'il soit externe ou interne. En règle générale, la simple prise en compte des principaux facteurs d'amélioration ci-dessous influence déjà les résultats finaux :

- production pensée au plus juste (*Just in Time*) ;
- généralisation d'un flux continu partout où cela est possible en vue de réduire les stocks, voire de les supprimer, ou insertion de supermarchés (stocks intermédiaires gérés par lots en *Kanban*) ;
- regroupement de toutes les informations concernant la commande client en un seul procédé (appelé « procédé *pace maker* ») qui pilote les autres procédés.

Étape 4 : création du VSM cible

Fort de vos observations et des mesures envisagées, vous parviendrez à ce stade à une carte comprenant les opportunités d'amélioration identifiées plus tôt. L'objectif final du VSM cible est de réduire le temps de valeur non ajoutée afin que votre temps de traversée coïncide le plus possible au temps de valeur ajoutée. D'une manière générale, le temps nécessaire à la réalisation de la carte actuelle et du VSM cible se situe aux alentours de 3 à 5 jours de travail.

Étape 5 : élaboration d'un plan d'action

Pour chaque changement, l'équipe en charge du projet organisera alors un plan d'action. Il sera important de quantifier les bénéfices et les solutions (coûts/ressources) associés pour convaincre la direction du lancement des actions envisagées afin qu'elles soient validées. La mise en place du plan d'action peut prendre plusieurs mois, voire plusieurs années.

Étape 6 : implémentation

Une fois le budget validé, la gestion du risque contrôlée et l'organisation arrêtée, il est temps de procéder à l'implémentation. Cela inclut le développement, l'acceptation, la formation des employés et la conduite du changement.

RECOMMANDATIONS

Parmi les points d'attention, nous préconisons deux grands axes d'avertissements : l'organisation de l'équipe et la méthodologie.

Avertissements organisationnels
• Organisez une équipe projet pluridisciplinaire : un groupe de 6 à 8 personnes est suffisant. Pour que la dynamique de groupe soit efficiente, privilégiez une répartition 1/3, 1/3, 1/3, comme décrite ci-dessous : o 1/3 d'utilisateurs (personnes qui connaissent le sujet) ; o 1/3 de client (internes ou externes, mais qui perçoivent la valeur ajoutée) ; o 1/3 « regards neufs » (chef de projet, autres services, dirigeants). • Ne faites pas cet exercice tout seul dans votre coin. Il faut absolument impliquer le personnel opérationnel. Cela ne doit pas être une démarche directive. Il faut expliquer la démarche, faire participer les opérateurs. • Ne laissez pas uniquement les consultants externes se charger du projet, mais saisissez l'occasion pour développer des compétences en interne. Il existe des programmes de développement individuel (formations) sur le Lean, qui constituent des exemples d'investissement dans le personnel. C'est aux managers et aux ressources humaines de sensibiliser et de convaincre la direction afin qu'elle favorise le *Lean Thinking* (qui augmente la participation active des collaborateurs sur le plan de l'analyse, de la détection et du maintien de bons processus ; et qui s'inscrit dans une logique d'amélioration continue).

Avertissements méthodologiques
• Attention aux priorités ! Veillez à sélectionner, par exemple, la bonne famille de produits pour votre exercice. • Ne faites pas tout en même temps. Optez pour un chantier pilote dont les résultats seront les moteurs pour le vrai chantier à venir. • Dessinez la cartographie des étapes idéales. Osez montrer toutes les opportunités et seulement ensuite validez celles sur lesquelles vous vous engagez à travailler dans un premier temps. • Simplifiez pour ne retenir que l'essentiel. • Révisez périodiquement.

Le VSM se traduira par une perte de temps s'il est mal appréhendé.

ÉTUDE DE CAS

Nous nous intéressons à la construction de la carte VSM de la situation actuelle de l'entreprise fictive Laforêt SPRL qui crée des meubles. La famille de produits que nous étudions pour cet exercice est celle des tabourets.

Première phase du dessin – Le client

- Le client est placé en haut à droite.

© 50MINUTES.fr

Deuxième phase du dessin – Les processus de fabrication

- Quatre processus y sont décrits : la peinture, l'assemblage, le packaging et l'expédition.
- Pour chaque processus sont repris les postes de travail et les informations importantes (temps de cycle, *change over* ou modification des paramètres d'une machine pour produire

un autre produit, shifts, etc.).
- Les stocks intermédiaires à chaque étape y sont également représentés.

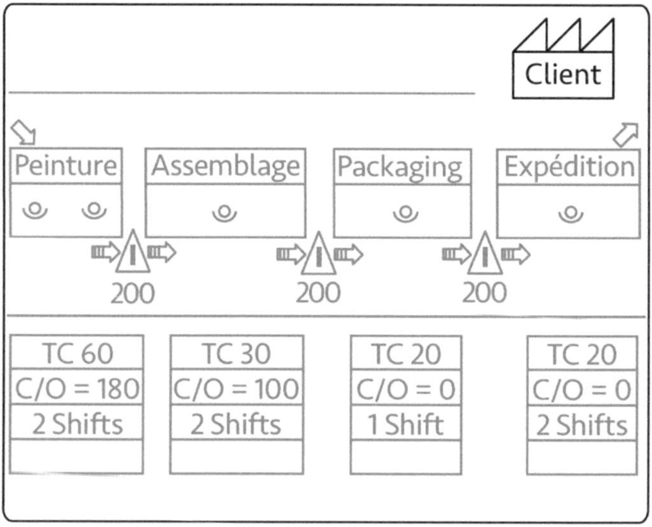

Troisième phase du dessin – Le fournisseur

- Le fournisseur est dessiné en haut à gauche.
- La livraison hebdomadaire est réalisée par camion.

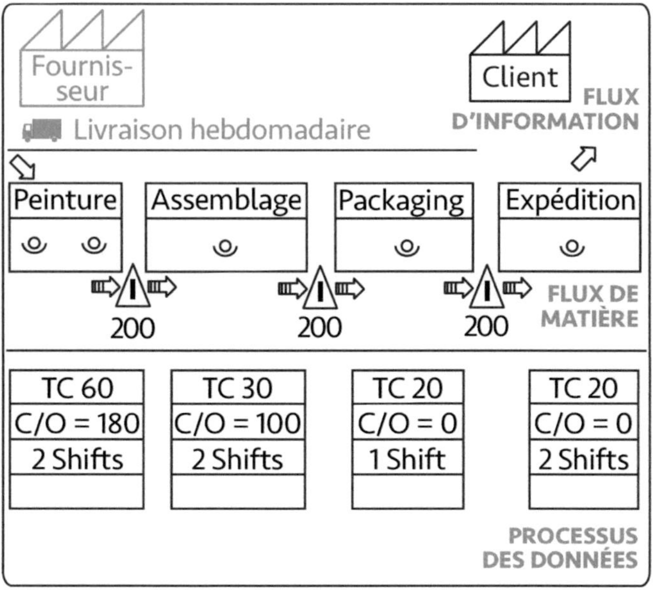

Quatrième phase du dessin – Les informations

- Les prévisions hebdomadaires des demandes sont envoyées par le client à l'entreprise (e-mails).
- Les commandes d'achats sont passées par fax au fournisseur.
- Un planning de la semaine est transmis à

chaque poste interne à l'entreprise.

- Les flux d'information et les flux physiques (ou de matériel) sont alors bien représentés.

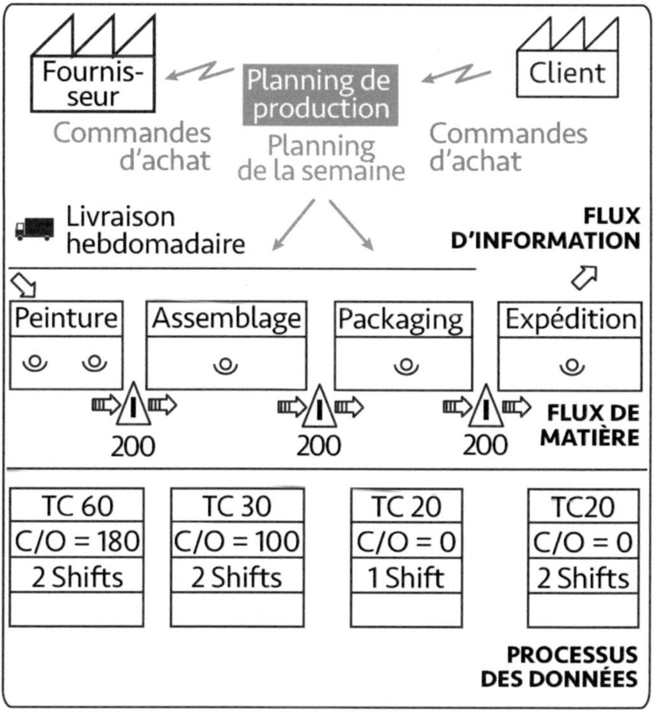

Cinquième phase du dessin – La ligne du temps

- Une ligne du temps est ajoutée sous les cases de processus de fabrication et des pictogrammes de stocks.
- Le processus a un délai de production de 19 jours et un temps de traitement de 365 secondes.

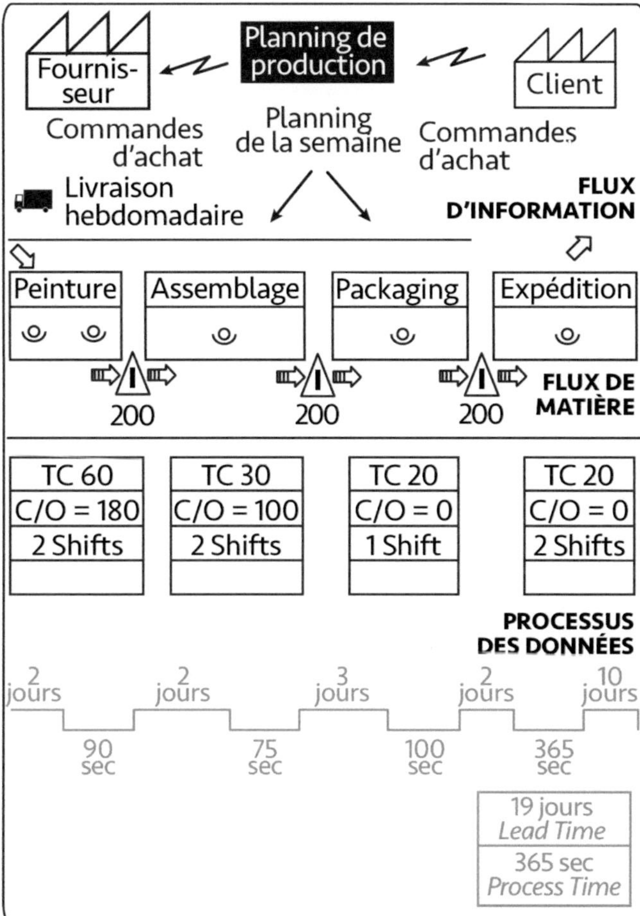
Planning de production
Fournisseur
Client
Commandes d'achat
Planning de la semaine
Commandes d'achat
Livraison hebdomadaire
FLUX D'INFORMATION
Peinture
Assemblage
Packaging
Expédition
200
200
200
FLUX DE MATIÈRE
TC 60
C/O = 180
2 Shifts
TC 30
C/O = 100
2 Shifts
TC 20
C/O = 0
1 Shift
TC 20
C/O = 0
2 Shifts
PROCESSUS DES DONNÉES
2 jours
2 jours
3 jours
2 jours
10 jours
90 sec
75 sec
100 sec
365 sec
19 jours *Lead Time*
365 sec *Process Time*

Sixième phase du dessin – La cartographie de la chaîne de valeur terminée

La cartographie de l'état actuel est donc finie. Il s'agit à présent de l'analyser, d'observer les zones de gaspillages et de définir les améliorations possibles. On peut lister les sources d'améliorations suivantes en les faisant figurer sur le graphique ce qui permettra de préparer la cartographie de l'état cible :

- se baser sur les commandes clients hebdomadaires au lieu de prévisions ;
- créer un système *pull* au niveau du planning de production ;
- créer un supermarché juste avant le début de l'activité peinture ;
- éliminer les rejets au niveau de la peinture ;
- combiner les processus de packaging et d'expédition.

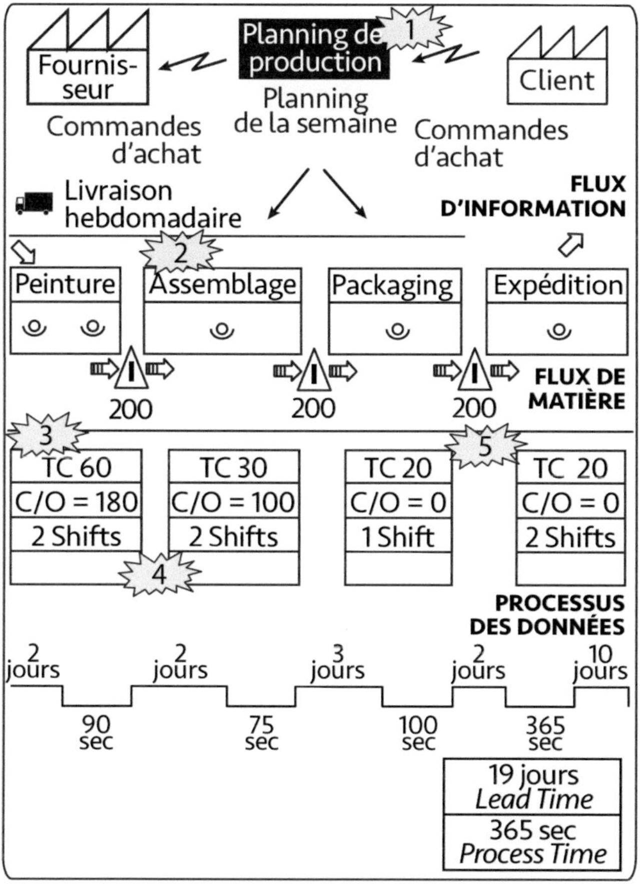

1. Se baser sur les commandes clients hebdo
2. Créer un système *pull*
3. Créer un supermarché
4. Éliminer les rejets
5. Combiner Packaging et Expédition

RÉPERCUSSIONS

LIMITES ET CRITIQUES DU CONCEPT

À côté de ses nombreux avantages, le VSM présente cependant quelques limites.

- **Erreurs possibles dans l'élaboration de la cartographie.**
  - Les erreurs peuvent se glisser dans la mauvaise collecte, retranscription ou analyse des données. Pour éviter cela, faites appel à des experts aux regards objectifs ainsi qu'à des groupes multidisciplinaires.
  - Faites toujours attention au cadre analysé, car certains processus ne nécessitent pas de révision.
- **Ce n'est qu'un outil.** Un VSM n'est pas une fin en soi ; c'est un révélateur des dysfonctionnements de l'entreprise qui aide à la réflexion et doit surtout mener à l'action. Une analyse sans mise en place d'un plan d'action serait vaine ! Veillez donc à ne pas tomber dans la paralysie de l'analyse. De plus, si différentes initiatives travaillent sur les sujets

Lean, il est toujours recommandé de bien les coordonner pour tirer le meilleur avantage de l'ensemble de tous les projets.

- **Dimension humaine et sociale délaissée.** Cet outil technique ne traite que les aspects physiques, les interactions et le pilotage des flux. Il n'intègre pas les dimensions sociales, humaines et organisationnelles (pourtant très importantes dans un projet *lean*). Cette tendance est d'autant plus marquée dans le secteur industriel, où les managers développent une sensibilité technique, mais où ils s'intéressent moins naturellement aux problématiques humaines.
- **Utilisation contraignante de symboles standardisés.** Les symboles existants peuvent brider la recherche de solutions innovantes. Or, le besoin d'innovation se fait de plus en plus ressentir au sein des entreprises qui cherchent à rester compétitives.

EXTENSIONS ET MODÈLES CONNEXES

DAIMC

Le modèle DMAIC (*Define, Measure, Analyze, Improve, Control*) est une approche structurée permettant de résoudre les problèmes. Il fournit en effet une base de travail en cinq étapes à l'équipe d'amélioration continue. Dans cette méthode de conduite de projet *lean* très puissante, la phase *Define* est clé.

- Définir (*Define*) : identification de l'objet de l'étude et description de l'objectif du travail à atteindre par l'équipe.
- Mesurer (*Measure*) : collecte d'informations pour compléter la cartographie des processus et définition des indicateurs de performance pour suivre le projet efficacement.
- Analyser (*Analyze*) : identification des causes de dysfonctionnements et analyse de leurs sources.
- Améliorer (*Improve*) : proposition de solutions, planification d'actions, mise en place des mesures retenues.

- Contrôler (*Control*) : comparaison des effets attendus et des résultats obtenus après l'implémentation des solutions, communication sur le projet, bilan pour dégager les conclusions.

Lean Manufacturing

Cette fameuse méthode d'élimination du gaspillage nécessite une certaine part d'intelligence collective si l'on désire atteindre des résultats probants : les équipes qui travaillent sur ce projet *lean* doivent se montrer motivées, coordonnées et déterminées à trouver des solutions. Les cinq fondamentaux sont :

- la définition de la valeur ajoutée depuis la vision client ;
- l'identification de la chaîne de valeur en regard aux différentes étapes de fabrication ;
- une attention particulière à l'écoulement des flux en veillant à ce que les étapes à valeur ajoutée ne soient pas stoppées ;
- la production en flux tiré en privilégiant les demandes clients plutôt que les prévisions ;

- la perfection en fixant des objectifs ambitieux et en introduisant une dynamique d'amélioration continue.

L'approche Kaizen

Le Kaizen est une démarche d'« amélioration continue » (traduction japonaise de son nom) basée sur de petites améliorations apportées quotidiennement, pour peu que toutes les personnes du processus concerné soient impliquées et fournissent les efforts requis.

Un chantier Kaizen n'est pas très spectaculaire, puisqu'il se fait en douceur, mais s'avère souvent beaucoup plus performant à long terme. On peut l'opposer à l'innovation qui nécessite de forts investissements et implique un changement brutal.

Le diagramme SIPOC

Cet outil de modélisation dresse un tableau synthétique du fonctionnement macro d'un processus donné. Une fois esquissé, le diagramme SIPOC – *Suppliers* (fournisseurs), *Inputs* (entrées), *Process* (processus), *Outputs* (sorties), *Customers* (clients) – permet de définir les frontières du macro-processus, de résumer quelles sont les entrées et les sorties, et d'identifier les fournisseurs et les clients. Attention toutefois, car seuls les flux de matière y sont représentés.

EN RÉSUMÉ

- L'outil VSM s'est imposé comme l'outil roi du *lean*. Cette méthode est destinée à détecter, pour une famille de produits donnés, les sources de gaspillage dans la chaîne de valeur.
- Le VSM s'étend aujourd'hui à tous les domaines de l'industrie, car il répond à la volonté universelle et grandissante de réduction des coûts de production.
- Commencer une transformation *lean* par un VSM est une bonne idée. Il faut connaître à la fois les différentes étapes, mais aussi les bonnes pratiques pour s'assurer d'avoir une vision claire des procédés composant une entreprise.
- Le processus VSM actuel et VSM cible est une démarche d'amélioration continue. Cette méthode n'est pas seulement utilisée pour décrire l'état actuel, mais l'est également pour imaginer et établir un état futur plus efficace, plus réactif, moins coûteux et plus coordonné. La cartographie des flux d'information et de matériel permet de jouer sur deux fronts : la

réduction des gaspillages et l'amélioration des conditions de travail.

- Le contexte de l'organisation autour du projet est primordial pour assurer sa réussite. Des équipes pluridisciplinaires, incluant des personnes aussi proches du terrain que possible, constituent un facteur clé tout comme l'engagement ferme de la direction dans cette volonté de transformation.
- Finalement, il est aussi important de connaître les limites de cette méthode : le VSM ne s'attarde pas sur l'analyse des aspects social, psychologique et organisationnel par exemple.
- Sa simplicité d'utilisation, jumelée à sa redoutable efficacité à susciter la réflexion parmi les collaborateurs, place cette méthode au rang des plus répandues.

Votre avis nous intéresse !
Laissez un commentaire sur le site de votre librairie en ligne et partagez vos coups de cœur sur les réseaux sociaux !

POUR ALLER PLUS LOIN

SOURCES BIBLIOGRAPHIQUES

- DAVIS (John), *Lean Manufacturing, Industrial Press*, New York, USA, 2006.
- FOUQUE (Florent), *À la découverte du Lean Six Sigma*, Édition Fouque, 2009.
- HOHMANN (Christian), « Lean Entreprise », in *Christian.Hohmann.fr*, consulté le 10 août 2015. http://christian.hohmann.free.fr/index.php/lean-entreprise
- HOHMANN (Christian), *Techniques de productivité. Comment gagner des points de performance pour les managers et les encadrants*, Paris, Eyrolles, 2009.
- Lean Enterprise Institute, « What is Lean ? », in *Lean.org*, consulté le 10 août 2015. http://www.lean.org/whatslean
- OHNO (Taiichi), *Toyota Production System: Beyond Large-Scale Production*, New York, Productivity Press, 1988.
- PORTER (Michael E.), *Competitive Advantage. Creating and Sustaining Superior Performance*, New York, Free Press, 1985.

- Rother (Mike) et Shook (John), *Learning to See*, New York, Productivity Press, 1999.
- Womack (James P.) et Jones (Daniel T.), *Lean Thinking*, Free Press, 1996.
- Subramaniam (Anad), « VSM – Current and Future. How to Maximize the overall flow? », in *Slideshare.net*, consulté le 10 août 2015. http://fr.slideshare.net/anandsubramaniam/vsm-current-future

SOURCES COMPLÉMENTAIRES

- Site de Conceptdraw. http://conceptdraw.com/samples/quality-VSM
- Site de Marris Consulting. http://www.marris-consulting.com
- Site de Strategos. http://www.strategosinc.com

VIDÉOS

- Martin (Karen), « Value Stream Mapping: Case Studies », video sur *Webinar*. https://youtu.be/ZPNq5k24vgY

CONTEXTE
JE FAIS DES CHOIX
ET J'ASSUME !
DIANA,
PRINCESSE DE GALLES
LÂCHER PRISE,
ENFIN !

www.50minutes.fr

ISBN ebook : 978-2-8062-6030-7
ISBN papier : 978-2-8062-6239-4
Dépôt légal : D/2015/12603/181
Couverture : © Elise Vanhecke

Conception numérique : Primento,
le partenaire numérique des éditeurs